LACORDAIRE

PARIS. — TYP: WALDER, RUE BONAPARTE 44.

LACORDAIRE

LES CONTEMPORAINS

LACORDAIRE

PAR

EUGÈNE DE MIRECOURT

PARIS
GUSTAVE HAVARD, ÉDITEUR
15, RUE GUÉNÉGAUD, 15

1855

L'Auteur et l'Éditeur se réservent le droit de traduction et de reproduction a l'étranger.

LACORDAIRE

Quand nous avons écrit l'histoire de l'abbé de Lamennais, histoire qui nous a suscité tant de haines et valu tant d'injures, nous savions qu'un autre prêtre, un véritable ministre du Christ, nous donnerait un jour raison contre les démocrates irascibles dont nous attaquions l'idole.

Nous connaissions d'avance le rayon qu'il faudrait opposer à l'ombre.

De ces deux notices, consacrées, la première à dire la vie de l'apôtre rebelle, la seconde à raconter les actes du fils soumis de l'Église, devait jaillir une antithèse lumineuse propre à éclairer tous les doutes et à montrer que nos adversaires marchent seuls dans la mauvaise foi et respirent dans le mensonge.

Chez nous, depuis tantôt un siècle, et grâce à M. de Voltaire, il suffit qu'un écrivain touche sans trop d'irrévérence la corde religieuse pour être immédiatement en suspicion.

Les encyclopédistes modernes ont

tout dit, quand ils vous ont jeté à la tête ces deux substantifs ridicules :

Capucin! Jésuite!

Et le bourgeois d'applaudir; et M. de Voltaire de se frotter les mains chez le diable, où il réside, sans aucun doute, à l'heure présente.

Il doit y être traité comme l'ami de la maison.

Jésuite et capucin! grand merci, nos maîtres.

Nous ne sommes ni l'un ni l'autre, et quand les jésuites iront trop loin, quand les capucins se rendront coupables d'envahissement, vous verrez si nous y allons de main morte et si nous ménageons les coups de verge à leurs saintes épaules.

Avant tout logique et loyauté. La passion déraisonne, l'injure ne prouve rien.

Commençons notre biographie.

Jean-Baptiste-Henri Lacordaire est né, le 12 mai 1802, à Recey-sur-Ource, bourg assez considérable du département de la Côte-d'Or.

Là n'avait point été le premier berceau de sa famille.

Ses ancêtres résidaient un peu plus haut vers l'est, du côté de Langres.

En 1743, lorsque Louis XV, revenant des Pays-Bas pour aller former le siége de Metz, traversa le petit village de Bussières-lez-Belmont et s'y arrêta quelques heures en compagnie de la belle duchesse de Châteauroux, le médecin de l'endroit fut admis à présenter comme rafraîchissement au prince et à la favorite des ananas, qu'il faisait mûrir en serre chaude.

C'était l'aïeul de Lacordaire.

Jadis à Paris, il avait reçu des leçons de botanique du savant Jussieu.

On assure que Louis XV, arrivant à Chaumont le soir même, ressentit les premières atteintes de la maladie cruelle qui devait mettre en péril ses jours.

Peut-être avait-il mangé les ananas avec trop de gourmandise.

Médecin lui-même, le père du célèbre dominicain épousa la fille d'un avocat au parlement de Bourgogne.

Il mourut très-jeune et la laissa veuve avec quatre fils en bas âge.

Madame Lacordaire quitta Recey-sur-Ource, rentra dans sa famille à Dijon, et se consacra sans réserve à l'éducation de ses enfants, qui tous se sont distingués dans quatre carrières différentes[1].

Nous avons eu déjà plus d'une fois à signaler l'heureuse influence exercée par une mère chrétienne sur l'avenir de quelques-uns des hommes dont nous écrivons l'histoire.

Madame Lacordaire éleva ses fils dans les principes les plus sérieux de

---

[1] Après avoir longtemps voyagé dans l'Amérique du Sud, l'aîné de la famille a obtenu, à l'université de Liége, une chaire de zoologie. Le second est le héros de ce petit livre. Quant au troisième, à qui la ville de Dijon doit de magnifiques travaux d'architecture, on l'a nommé, depuis quelque temps, directeur des Gobelins. Le quatrième est un des officiers les plus remarquables de l'armée française.

l'honneur, dans les croyances les plus saintes de la foi.

« Il semble, dit un biographe bourguignon [1], que, dès ses plus tendres années, Henri Lacordaire eut comme une sorte de pressentiment de sa destinée d'orateur chrétien. On l'a vu, à l'âge de huit ans, lire à haute voix aux passants les sermons de Bourdaloue, imitant à une fenêtre, qui lui servait de tribune, les gestes et la déclamation des prêtres qu'il avait entendus prêcher. »

Comme l'abbé de Lamennais, il servait des messes à la cathédrale et se faisait remarquer par sa piété d'ange.

---

[1] M. Lorrain, doyen de la faculté de droit de Dijon. Sa brochure nous a fourni beaucoup de détails précieux sur le grand orateur de Notre-Dame.

Le mari de madame Lacordaire ne lui avait laissé qu'une fortune très-médiocre. Il fallut que la courageuse femme s'imposât des sacrifices inouïs pour arriver à payer la pension de ses fils au collége.

Henri commença ses études classiques à l'âge de dix ans.

C'était un garçon naturellement paisible et porté à la douceur.

Pendant les promenades du jeudi hors des murs de la ville, au lieu de dépenser, comme ses camarades, en gâteaux ou en friandises les deux ou trois sous qu'on lui octroyait pour ses menus plaisirs, il achetait aux pâtres des prairies de l'Ouche [1] du crin, que

---

[1] Affluent de la Saône, qui traverse le département de la Côte-d'Or.

ceux-ci arrachaient à la queue des chevaux. Henri s'en servait pour confectionner, pendant les récréations, du cordonnet, des bagues et mille petites fantaisies d'écolier.

Dans cette nature si calme en apparence, il y avait pourtant des ressorts énergiques, une volonté ferme, une haine profonde de l'injustice et des élans de courage vraiment extraordinaires chez un enfant si jeune.

Au réfectoire, un jour, comme il tournait la tête, son voisin de droite lui escamote sa portion de potage.

L'élève dépouillé réclame.

Une querelle s'ensuit, l'ordre est troublé, le censeur intervient.

—Tous les deux au pain sec et à l'eau !

s'écrie-t-il sans vouloir entendre les explications de Lacordaire, et confondant l'innocent et le coupable dans le même arrêt. — Levez-vous, ajouta-t-il; allez vous placer contre le mur!

Le voleur de potage obéit; mais Lacordaire de se croiser les bras sur la table, et de répondre :

— Je n'irai pas!

Nouvelle injonction du censeur. Il menace Henri de l'envoyer au cachot.

— Soit, répond l'intrépide élève. De deux punitions injustes je choisis la plus forte.

Et il se dirigea vers la prison.

Dans tous les colléges il y a des taquineries traditionnelles et une série de méchants tours, que les anciens tiennent en réserve pour les nouveaux. Ces derniers parfois n'ont pas toute la patience désirable ; ils se rebiffent, et de grandes colères s'allument.

En 1814, au commencement de l'année scolaire, le collége de Dijon put voir deux camps ennemis prêts à en venir aux mains.

La surveillance des maîtres d'étude empêcha fort heureusement une mêlée générale.

« Deux champions, dit M. de Loménie, furent chargés de vider la querelle : l'un aujourd'hui officier distingué du génie, et l'autre le révérend père Lacordaire. Ils se battirent avec acharnement, et sans l'intervention des deux armées, la France compterait un brave militaire ou un célèbre prédicateur de moins[1]. »

Du reste, en ces jours de guerre continentale, une humeur belliqueuse envahissait tous les lycées, comme, trois ou quatre ans plus tard, une fantaisie de lutte voltairienne y prit naissance, lorsque les rois légitimes voulurent catéchiser la jeunesse et donner la religion pour base à leur trône chancelant.

Malgré les saints principes dans lesquels il avait été bercé, Henri céda comme tous les autres à la réaction antireligieuse.

Dans la bibliothèque de l'ex-conseiller au parlement, son grand-père, où il se glissait parfois en échappant à l'œil ma-

---

[1] *Galerie des Contemporains illustres*, tome V; Notice sur Lacordaire, page 3 de la Notice.

ternel, il trouva les œuvres du patriarche de Ferney, celles de Jean-Jacques, de Diderot, du baron d'Holbach, de Grimm, d'Helvétius, et lut avec toute l'imprudente curiosité de son âge ces livres funestes qui savent jeter si habilement sur leurs maximes désolantes les fleurs de l'imagination et du style.

Lorsque madame Lacordaire put deviner quelles étaient les lectures de son fils, elle ferma la bibliothèque.

Il était trop tard.

Déjà le poison s'était infiltré dans ce jeune cœur. Monique eut à pleurer sur le sort d'Augustin, que les doctrines de Manès et de Pélage pouvaient conduire à sa perte.

Mais Dieu donne aux intelligences d'élite ce besoin irrésistible du vrai qui les pousse malgré tout à l'examen et à la recherche. Bientôt la vérité se manifeste; elle écrase le mensonge.

Le reptile se débat en vain sous la serre puissante de l'aigle.

Henri Lacordaire, après d'éclatants succès obtenus en rhétorique et en philosophie[1], sortit du collége pour entrer à l'école de droit.

C'était l'époque où le comte de Maistre, M. de Bonald et l'abbé de Lamen-

---

[1] L'auteur de la *Galerie des Contemporains illustres* affirme à tort que la grande supériorité du jeune rhétoricien sur ses condisciples lui valut une récompense exceptionnelle. La collection de médailles des rois de France, dont parle M. de Loménie, fut également accordée à tous les élèves des colléges royaux qui avaient, comme Henri Lacordaire, remporté le prix d'honneur

nais, qui n'avait pas encore brisé sa lance orthodoxe appelaient en champ clos l'impiété pour la combattre. L'étudiant de la faculté de Dijon regarda la bataille, jugea les coups et salua les vainqueurs.

Tout le vieux levain encyclopédiste qui fermentait dans son cerveau disparut sans retour.

Ici le philosophe chrétien commence, en attendant l'heure où doit se révéler l'apôtre.

Henri entrait dans sa dix-neuvième année.

Nous le trouvons au nombre des fondateurs d'une sorte de club semi-politique et semi-littéraire, exclusivement composé d'élèves des écoles, et qui prenait le nom de *Société d'études*.

On s'y exerçait à y discourir sur tous les sujets, sur toutes les thèses.

Dans cette assemblée bouillante de verve et de jeunesse, notre héros se distingua par la solidité de ses conceptions, le nerf de sa logique et par la forme oratoire et remplie d'élégance qu'il savait déjà donner à sa pensée.

Quand il prenait la parole, un silence profond régnait tout à coup dans ce cercle tumultueux.

On l'écoutait avec religion, presque avec extase ; on admirait sa diction si pleine de charme, son organe si pur, son geste si gracieux. Quand il avait terminé sa harangue, ses amis lui pressaient les mains avec enthousiasme et s'écriaient :

« — A Paris ! mon cher, il faut aller à Paris ! Tu y deviendras le roi du barreau ! »

C'était l'avis unanime de toutes les personnes qui avaient pu juger l'étudiant et reconnaître ses qualités brillantes.

Reçu avocat en 1822, il alla passer quelques mois en Suisse, visita le lac de Genève, le Saint-Bernard, Chamouni, les Bossons, la mer de glace, exaltant son âme au milieu des merveilles de cette magnifique nature ; puis, au commencement de l'hiver, il prit le chemin de la capitale, décidé à suivre le conseil de ses compatriotes et à y faire son stage, en attendant qu'on l'inscrivît au tableau des avocats parisiens.

Le jeune homme avait en portefeuille

une lettre chaleureuse d'un vieil ami de sa famille pour le président Riambourg [1], et son professeur de droit romain l'avait recommandé en outre à l'abbé Gerbet, correspondant de la société d'études de Dijon.

Pressé de se faire entendre, Henri Lacordaire accepta les premières causes qui vinrent s'offrir.

Il plaida cinq ou six fois à la cour d'assises, au risque d'être cité devant le conseil de discipline, car il n'avait pas l'âge requis par les règlements.

Berryer l'entendit un jour, et s'appro

---

[1] Il en reçut bon accueil et put entrer, grâce à son appui, chez M. Guillemin, avocat à la cour de cassation, puis un peu plus tard chez M. Mourre, procureur général.

cha pour le complimenter à la fin de l'audience.

« — Fort bien ! lui dit-il : vous arriverez au premier rang ; mais prenez garde à la trop grande facilité que vous avez pour la parole ! »

Chose étrange, après avoir obtenu tout d'abord des succès capables de le rendre orgueilleux, notre héros n'avait point l'âme satisfaite et tombait dans un découragement inexprimable.

L'air de la salle des pas perdus lui oppressait la poitrine ; il demandait au Palais des horizons qui échappaient à ses regards.

Thémis lui apparaissait sous la forme d'une grosse marchande joufflue, très-forte en arithmétique, tenant les comptes en partie double et répondant par des chiffres à la veuve et à l'orphelin.

Chez ses confrères, dans le monde, partout, le jeune homme se trouvait isolé.

Son âme délicate cherchait le dévouement, la générosité, la grandeur ; il ne rencontrait que l'égoïsme, le calcul, la petitesse.

Paris, la cité reine, dont il s'était fait dans ses rêves une si magnifique image, ne lui parut être qu'une ruche colossale, dont toutes les abeilles travaillent dans la boue, au lieu de prendre leur vol du côté des plaines verdoyantes et de butiner, sous l'azur, parmi les fleurs.

Rien ne le charmait, tous les plaisirs lui semblaient fades.

Aucune des séductions matérielles de la vie ne pouvait atteindre ce cœur placé trop haut dans les régions de la poésie et de l'amour.

Quand la terre nous repousse, le ciel nous attire.

Le 11 mai 1824, après dix-huit mois de lutte et d'incertitude, Henri Lacordaire écrivit la lettre qui va suivre à l'un de ses plus anciens amis de collége :

« Il faut bien peu de paroles pour dire ce que j'ai à dire, et cependant mon cœur a besoin d'être long. J'abandonne le barreau ; nous ne nous y rencontrerons jamais. Nos rêves de cinq ans ne s'accompliront pas. J'entre demain matin au séminaire de Saint-

Sulpice. Hier, les chimères du monde remplissaient encore mon âme, quoique la religion y fût déjà présente : la renommée était encore mon avenir. Aujourd'hui je place mes espérances plus haut, et je ne demande ici-bas que l'obscurité et la paix. Je suis bien changé, et je t'assure que je ne sais pas comment cela s'est fait. Quand j'examine le travail de ma pensée depuis cinq ans, le point d'où je suis parti, les degrés que mon intelligence a parcourus, le résultat définitif de cette marche lente et hérissée d'obstacles, je suis étonné moi-même et j'éprouve un mouvement d'adoration vers Dieu. Un moment sublime, c'est celui où le dernier trait de lumière pénètre dans l'âme, et rattache à un centre commun les vérités qui y sont éparses. Il y a toujours une telle distance entre le moment qui suit et le moment qui précède celui-là, entre ce qu'on était auparavant et ce qu'on est après, qu'on a inventé le mot *grâce* pour expliquer ce coup magique, cette lumière d'en haut. Il me semble voir un homme qui s'avance au hasard, le bandeau sur les yeux ; on le desserre peu à peu, il entrevoit le jour, et, à l'instant où le mouchoir tombe, il se trouve en face du soleil [1]. »

Les compatriotes du jeune homme ses amis, madame Lacordaire elle-même n'eurent qu'une voix pour désapprouver une résolution si prompte.

On envoya lettre sur lettre au séminariste.

Il fut inébranlable.

A la douce et constante placidité de ses réponses, on reconnut bientôt qu'il ne se laissait entraîner ni par la fougue d'un enthousiasme irréfléchi ni par les aveugles élans d'un coup de tête.

[1] Notice Lorrain, pages 18 et 19.

« Pardonne-moi, cher enfant, lui dit sa mère, pardonne à mon cœur, à ma faiblesse : j'ai eu tort de prendre contre toi le parti du monde, et je te cède à Dieu ! »

Henri Lacordaire commença donc sa théologie au séminaire de Saint-Sulpice.

Il avait écrit à monseigneur de Boisville, évêque de Dijon, pour le prier de lui accorder son *exeat* [1], une lettre si laconique et si simple, que celui-ci eut hâte de faire droit à la requête, se disant à part lui :

— Ma foi, la perte n'est pas grande pour mon clergé !

[1] On nomme ainsi la pièce régulière par laquelle un évêque autorise les jeunes gens placés sous sa dépendance spirituelle à prendre les ordres dans un autre diocèse.

Trois ans plus tard, apprenant le succès du premier discours de Lacordaire au collége Stanislas, il dit à M. de Tournefort, son grand vicaire :

— Comprenez-vous cela ? J'ai pris un diamant pour un caillou. Quelle sottise! Ah ! si je rattrapais l'*exeat !*

Monseigneur de Paris ne se montra que fort peu touché des lamentations du prélat dijonnais. Il garda le diamant pour son écrin archiépiscopal.

L'abbé Lacordaire était chéri de ses condisciples et de ses supérieurs.

Tous les ans il allait passer ses vacances tantôt à Conflans chez M. de Quélen, tantôt à la Roche-Guyon chez le duc de Rohan-Chabot, cet ancien officier de mousquetaires sous Louis XVIII, qui venaît de jeter l'épaulette pour prendre la soutane Il se consolait au pied des autels de la mort d'une femme adorée [1].

Certes, avec de pareils protecteurs, si le germe de l'ambition eût existé dans son âme, Lacordaire aurait gravi rapidement la pente qui mène aux dignités de l'Église ; mais au nombre des vertus qu'il puisait à la source de la foi, il comptait l'humilité, la plus divine de toutes, et celle dont la pratique semblera toujours impossible aux gens du monde.

Le 25 décembre 1827, il est ordonné prêtre.

---

[1] Il fut depuis archevêque de Besançon et cardinal. Henri Lacordaire était aussi très-estimé de M. de Frayssinous, évêque d'Hermopolis.

Ses études théologiques ont été si brillantes que les premiers vicariats lui sont immédiatement offerts dans les paroisses de la capitale. M. de Quélen veut l'attacher à Saint-Sulpice ou à la Madeleine ; le jeune prêtre refuse tout pour n'accepter qu'une place d'aumônier dans un couvent de visitandines [1].

Madame Lacordaire quitte Dijon et vient partager à Paris le modeste logement de son fils.

On espère dans le clergé que l'ancien avocat va se livrer à la prédication.

Les feuilles religieuses l'encouragent. Elles reproduisent avec de pompeux

---

[1] L'année suivante (1828), l'archevêque pria M. d. Vatisménil de nommer l'abbé Lacordaire aumônier adjoint du collége Henri IV.

éloges quelques fragments du sermon prononcé par Lacordaire au collége Stanislas et qui devait donner de si vifs regrets à l'évêque de son diocèse.

Mais l'humble abbé se trouve trop faible encore ; il hésite à monter dans la chaire chrétienne et à lutter contre l'impiété sans être sûr de la vaincre.

Trois années durant, il prépare ses armes et visite l'arsenal gigantesque des Pères de l'Église.

Il étudie en même temps, du fond de sa retraite, la marche du siècle. Le voyant de plus en plus chaque jour descendre vers les abîmes du matérialisme et du doute, il se demande sérieusement si la gangrène sociale peut se guérir.

« Dieu, pense-t-il, enlève parfois sa lumière aux nations impies, et la transporte chez d'autres peuples qui ne ferment pas obstinément les yeux à l'éclat du flambeau. Si la France est condamnée, je ne la sauverai pas. Allons prêcher l'Évangile ailleurs. »

Ces idées de découragement lui sont suggérées surtout par la lecture du premier volume de l'*Essai sur l'indifférence*.

Au mois de mai 1830, M. de Lamennais invite l'abbé Lacordaire à venir passer quelques jours au petit domaine de la Chênaie en Bretagne.

Lacordaire se rend à cette invitation.

Déjà plus d'une fois il s'est trouvé en compagnie du prêtre tribun. Les doctrines évangélico-libérales professées par celui-ci ne lui sont point antipathiques ; mais il tremble en voyant la hardiesse d'allure dont M. de Lamennais fait preuve dans ses débats avec l'autorité ecclésiastique.

« — Vous avez tort, lui dit l'obstiné Breton. Le pape est dans l'ornière, il faut l'en tirer malgré lui. »

A l'époque où nous sommes, M. de Lamennais est âgé de cinquante ans et celui dont il cherche à faire son disciple en a vingt-huit à peine : il le domine, comme un vieux lutteur domine un jeune athlète, par la science des coups et par la ruse plutôt que par la force réelle.

Battu dans les discussions, Lacordaire ne se rend pas encore. On dirait qu'il pressent la véritable cause de sa défaite.

Un prélat catholique de New-York se trouve au nombre des hôtes de la Chênaie.

— Si vous voulez me suivre aux États-Unis, dit-il au jeune prêtre, je vous nomme mon vicaire général.

—J'accepte, monseigneur, répond Lacordaire, presque heureux d'échapper à une influence dont il entrevoit le péril. C'est du côté de l'Amérique, ou je me trompe fort, que doivent émigrer la civilisation et la foi.

Mais il était écrit que le futur dominicain ne partirait pas.

La révolution de juillet éclate comme un coup de foudre, et Lamennais triomphant s'écrie :

« — Regardez! mes prédictions se réalisent. Le signal de la liberté des peuples est en même temps celui de la renaissance du christianisme! Quitter la France en ce moment serait un crime. »

Tout semble, en effet, lui donner raison.

Lacordaire cède, moitié convaincu, moitié séduit.

Deux hommes, pour lesquels il a beaucoup d'estime, marchent déjà dans la route tracée par l'auteur de l'*Essai sur l'indifférence*. Ces deux hommes sont l'abbé Gerbet et le jeune comte de Montalembert, tout frais émoulu du collége Henri IV.

A leur exemple, Lacordaire se range sous le drapeau de M. de Lamennais.

L'*Avenir* se fonde le 18 octobre, trois mois après les barricades.

Dieu et liberté! cette devise résume l'esprit du nouveau journal.

Il s'agit d'une alliance entre la démocratie et l'Évangile. Nos intrépides champions entrent dans la lice avec une épée ultramontaine ; ils proclament très-haut qu'ils veulent abattre toutes les souverainetés, à l'exception de celle du peuple.

Seulement, le peuple doit administrer et régner sous la tutelle religieuse de la cour de Rome.

Convaincu décidément par les assertions réitérées de M. de Lamennais que le pape sanctionnera des doctrines dont l'unique but est de porter au comble sa puissance, en assurant le triomphe universel du catholicisme, Lacordaire, aussi fort de la plume [1] que de la parole, se pose dans l'*Avenir* comme un polémiste ardent et infatigable.

Il signe la fameuse protestation du 7 décembre, où tous les rédacteurs du journal osaient dire au pouvoir :

« Nous ne souffrirons pas qu'on nous abuse plus longtemps par de vaines pro-

---

[1] Ses œuvres imprimées jusqu'à ce jour, outre les *Conférences*, ont pour titres : *Considérations sur le système politique de l'abbé de Lamennais* (1834); *Lettre sur le Saint-Siége* (1838); *Mémoire pour le rétablissement en France de l'ordre des Frères prêcheurs* (1840), et *la Vie de saint Dominique* (1841). Il prépare depuis dix ans un livre sur *l'Église catholique*, à propos duquel on lui prête ce langage : « J'ignore ce qui se présentera à faire sur le chemin. Peut-être serai-je interrompu. Mais je reviendrai toujours là comme au point central, comme au foyer de ma vie. »

messes, et nous sommes prêts à combattre et à mourir pour vous arracher la liberté entière pour tous. »

Bientôt l'*Avenir* agite ces questions brûlantes, que les vieux évêques épouvantés combattent et foudroient de tous les points du royaume. Les articles sur la *suppression du budget du clergé*, sur la *liberté de l'enseignement*, sur la *liberté de la presse* sont l'œuvre de l'abbé Lacordaire.

Aux mandements diocésains s'unissent les réquisitoires du parquet.

La lutte devient terrible ; il s'agit de se défendre, et de se défendre éloquemment.

M. de Lamennais et ses collègues ne se déconcertent en aucune façon. Mauguin, bâtonnier de l'ordre des avocats, reçoit un jour la lettre suivante :

« Paris, 24 décembre 1830.

« Monsieur le Bâtonnier.

« Il y a huit ans, je commençai mon stage au barreau de Paris ; je l'interrompis au bout de dix-huit mois, pour me consacrer à des études religieuses qui me permirent plus tard d'entrer dans la hiérarchie catholique, et je suis prêtre aujourd'hui. Les devoirs que ce nom m'impose m'ont d'abord éloigné du barreau. Mais des événements immenses ont changé la position de l'Église dans le monde ; elle a besoin de rompre tous les liens qui l'enchaînent à l'État, et d'en contracter avec les peuples. C'est pourquoi, dévoué plus que jamais à son service, à ses lois, à son culte, je crois utile de me rapprocher de mes concitoyens *en poursuivant ma carrière dans le barreau*. J'ai l'honneur de vous en prévenir, monsieur le Bâtonnier, quoique je ne puisse prévoir aucun obstacle de la part des règlements de l'ordre. S'il en existait, j'userais de toutes les voies légitimes pour les aplanir.

« Je suis, avec respect, etc.

« H. LACORDAIRE. »

Tous les journaux de l'époque reproduisirent cette lettre, publiée d'abord par le *Globe*, et la rumeur fut grande, lorsque M. Mauguin en fit à ses collègues la communication officielle.

— Allons donc ! crièrent ces messieurs, la place d'un prêtre est à l'église, et non au Palais-de-Justice.

— Quelle folie !

— Deux robes et deux rabats ! On ne cumule pas de la sorte.

— Permettez-moi de vous faire observer, dit M. Mauguin, que le cas n'a jamais été prévu par les règles de l'ordre. M. Lacordaire a le droit.....

— De prêcher! interrompirent les opposants (c'était le plus grand nombre); mais de plaider, grand merci! Nous ferons une règle tout exprès pour lui interdire ce droit. Un avocat devenu prêtre cesse d'être avocat.

Ils votèrent d'un commun accord dans ce sens.

Comme les décisions du conseil ont force de loi, l'abbé Lacordaire ne fut pas inscrit au tableau.

Restait un moyen de tourner l'obstacle. Ce moyen consistait, pour l'avocat dépouillé de son titre, à assumer sur lui la responsabilité des articles, afin d'user de la permission que, de tout temps, les accusés ont eue de plaider leur propre cause.

A la fin de janvier 1831, Lacordaire et M. de Lamennais viennent s'asseoir l'un à côté de l'autre sur les bancs de la cour d'assises.

Ils ont à rendre compte d'une philippique acerbe adressée par eux aux évêques de France.

L'abbé Lacordaire, en présence d'une foule inouïe de curieux accourus pour l'entendre, développe les doctrines de l'*Avenir* avec un enthousiasme et une éloquence qui lui gagnent non-seulement l'auditoire, mais encore les juges.

Le maître et le disciple sont renvoyés absous.

Ce premier triomphe double l'énergie de nos prêtres-journalistes. Ils se décident audacieusement à mettre en application le principe qu'ils prêchent.

Le nombre de leurs prosélytes augmente.

De toutes parts arrivent des souscriptions encourageantes; la caisse de l'*Avenir* est pleine, et le journal, un beau matin, déclare que, la charte de 1830 ayant promis la liberté d'enseignement, il ne reconnaît à qui que ce soit le pouvoir de fermer l'école que ses rédacteurs vont ouvrir.

Effectivement, une salle est louée rue des Beaux-Arts.

Trente écoliers arrivent pour entendre les cours de MM. Lacordaire, de Montalembert et de Coux, professeurs de par leur volonté propre, sans brevet de l'Université.

Celle-ci réclame ; elle invoque ses privilèges.

Bientôt un commissaire de police entre, l'écharpe au flanc, dans l'école de la rue des Beaux-Arts. Il enjoint aux maîtres de se taire et aux élèves de se disperser.

L'auteur des *Contemporains illustres*, témoin de cette scène, qui se passait dans son voisinage, nous permettra d'emprunter une partie de sa narration :

« — Au nom de la loi, cria le commissaire, je somme les enfants ici présents de se retirer ! »

« Il (Lacordaire) se tourna vers les enfants et dit :

« — Au nom de vos parents, dont j'ai l'autorité, je vous ordonne de rester ! »

« Les deux sommations contradictoires se

renouvelèrent trois fois ; les enfants ne bougeaient pas. Enfin le commissaire fut obligé d'aller chercher des sergents de ville, qui firent évacuer la salle par la force.

« On mit les scellés sur la porte, et les trois maîtres d'école furent traduits devant les tribunaux.

« Dans l'intervalle, M. de Montalembert, appelé à la pairie par la mort de son père, réclama la juridiction de la chambre où il venait d'entrer, et y conduisit avec lui ses coaccusés.

« Ils furent condamnés, — ajoute M. de Loménie ; — mais ils eurent la satisfaction de prononcer chacun, devant la plus haute cour du royaume, un très-beau discours contre Bossuet, les maximes gallicanes, les concordats et la tyrannie du gouvernement. »

Ce biographe que nous nous plaisons parfois à citer, parce que, d'ordinaire, il est consciencieux et juste, a écrit l'histoire du grand prédicateur avec une acrimonie bizarre, et qui a dû blesser le sentiment public, à l'époque où son œuvre fut publiée, c'est-à-dire en 1840.

Si Lacordaire a suivi quelques instants le chemin de l'erreur, on ne peut disconvenir que la bonne foi lui servait de guide.

M. de Loménie est coupable de ne point lui en tenir compte.

Il met assez perfidement en opposition les articles de l'*Avenir* avec certains passages des discours prononcés plus tard sous les voûtes solennelles de Notre-Dame, et il ne s'aperçoit pas que la critique de l'homme devient la plus éclatante apologie du prêtre.

Chez M. de Loménie se trouve un léger grain de voltairianisme qui fait tort à son jugement.

Le moyen le plus sûr de justifier Lacordaire est de continuer sa biographie.

Tous les jours la situation de l'*Avenir* devenait plus grave. Un cri général du clergé de France avait ému la cour de Rome. On suppliait le pape de trancher ces questions dangereuses qui divisaient les pasteurs au plus grand péril du troupeau. Les publicistes incriminés appelaient eux-mêmes l'intervention du saint-siége, et, le 15 novembre, après une profession de foi très-catégorique, ils suspendirent le journal, cause de toutes les querelles, et s'acheminèrent du côté de l'Italie, afin de soumettre leurs doctrines à l'autorité suprême.

Nos lecteurs connaissent le résultat de ce voyage.

L'*Avenir* fut condamné par une lettre encyclique du pape.

Des deux prêtres que nous mettons en parallèle, il y en eut un qui se prosterna sur le tombeau des apôtres, immolant son orgueil et se courbant sous le joug de la foi.

Or, c'est précisément de cette humble soumission que vous le blâmez, nos maîtres !

Il eût fallu, n'est-il pas vrai, que Lacordaire maintînt son programme, accusât le saint-siége d'obscurantisme, et fît avec vous cause commune, en foulant aux pieds ses devoirs de prêtre et de chrétien ?

Nous l'avouons, il a eu tort aux yeux

des démocrates ainsi qu'au point de vue de M. de Voltaire.

Mais peut-être a-t-il eu raison, si l'on daigne tenir compte et du catholicisme et de la sainte obéissance..

Pour vous c'est peu de chose, nous le savons.

Que vous importent le pape, l'orthodoxie, les serments, la religion et ses lois, le Christ et l'autel ? Niaiseries que tout cela, balivernes pures !

Vous avez des convictions infiniment plus éclairées, plus loyales et plus sages.

Si le pays, que vous essayez d'endoctriner depuis soixante ans, avait eu le bon esprit de vous croire, il aurait dépouillé cette défroque catholique, apostolique et romaine que dix-neuf siècles obstinés clouent à ses épaules.

Vous vous efforcez en vain de la remplacer par un costume de sans-culotte.

Ah! c'est un malheur, un grand malheur que cette obstination de la France à s'agenouiller devant la vieille croix de nos pères !

Certes, elle a tort, car vos maximes sont rassurantes au dernier point.

Les disciples du Christ avaient la sottise de se faire trancher la tête pour soutenir les leurs. Beaucoup plus logiques et plus prudents, vous coupez le cou net à ceux qui n'acceptent pas les vôtres.

Il est incroyable qu'un si doux système de propagande n'ait pas eu de meilleurs résultats

Vraiment l'église de Rome est insensée de ne pas permettre à ses ministres de rester dans vos rangs et de combattre pour vous.

Est-il possible qu'elle vous craigne ? comprend-on qu'elle se défende ? N'est-ce pas vous montrer une défiance incompréhensible que d'attendre, pour vous donner la main, le jour où vous aurez dans votre histoire d'autres épisodes que le renversement des autels et le massacre des prêtres ?

Le christianisme est le père de la liberté, mais il ne veut pas que sa fille soit parricide.

Appelez-nous encore jésuite, riez, haussez les épaules : vous ne serez libres que le jour où vous serez franchement chrétiens. La vérité est là. C'est un rayon de soleil dont les aveugles seuls n'aperçoivent pas la lumière.

Jusqu'ici vous n'avez eu pour vous que les ambitions effrénées, les instincts matériels, les passions avides.

Religion, vertu, morale, tout cela vous renie; et vous espérez vaincre? Allons donc!

Ne chevauchez plus sur le dada de Voltaire. C'est une rosse poussive et fourbue qui trébuche au bord des abîmes, et qui vous y a déjà précipités plus d'une fois.

Dans un cercle où cinquante hommes du monde se trouvaient réunis, M. de Chateaubriand disait un jour :

« — Veuillez me répondre, la main sur le cœur, avec conscience, avec loyauté. Seriez-vous religieux, si vous aviez le courage d'être chastes? »

Tous répondirent affirmativement.

Eh bien ! nos maîtres, qu'en pensez-vous ? n'est-ce pas toujours le rayon de soleil ?

Ayons, de grâce, un peu de franchise. Parce que nous sommes faibles, sommes-nous en droit de nier la force? M. de Voltaire et tous les incrédules n'ont jamais eu d'autre motif que leur incontinence pour attaquer le christianisme.

Or, ceci n'est point une digression; car, aux yeux de la jeunesse française, assemblée dans la vaste enceinte de

Notre-Dame, Lacordaire a fait plus d'une fois éclater cette vérité tromphante.

Le disciple de M. de Lamennais avait adhéré sans restriction et sans réserve à la lettre encyclique de Grégoire XVI.

Épouvanté de l'esprit de révolte du vieil écrivain, dont l'orgueil s'exhalait en menaces et en anathèmes, il se jeta suppliant à ses genoux et le conjura de se soumettre.

Mais Lamennais le repoussa violemment et l'appela traître.

Ils se séparèrent pour ne plus se revoir [1].

Entre l'auteur des *Paroles d'un croyant* et l'auteur de la *Lettre sur le*

---

[1] L'abbé Lacordaire voulut alors partir pour les missions. M. de Quélen le décida à rester en France.

Saint-Siége il y eut désormais tout un monde [1].

Le premier, de chute en chute, d'apostasie en apostasie, en est venu à la fin déplorable que vous savez ; le second est debout, sous la robe blanche du dominicain, prêchant l'Évangile aux peuples et donnant l'exemple des plus éminentes vertus.

Sa soumission faite, Lacordaire fut invité par M. de Quélen à reprendre son ancien et paisible emploi d'aumônier chez les Visitandines.

Il se remit à ses chères études et se disposa sérieusement à suivre le conseil

---

[1] « M. de Lamennais, disait Lacordaire, retourne notre devise. Nous avions écrit : *Dieu et liberté;* maintenant il écrit : *Liberté et Dieu.* »

de ses supérieurs ecclésiastiques, qui tous le poussaient à la prédication.

Le collége Stanislas, témoin de son premier succès oratoire, lui ouvrit de nouveau sa chapelle.

Ceux qui assistèrent aux conférences de l'ancien rédacteur de l'*Avenir* furent transportés d'admiration. Son éloge retentit d'un bout de Paris à l'autre. Bientôt la chapelle du collége ne fut plus assez grande ; elle ne pouvait contenir la foule immense qui accourait aux sermons de Lacordaire.

Le pouvoir soupçonneux manifesta des craintes.

Il envoya des hommes à lui pour entendre les discours du prédicateur, et les chargea d'en faire l'analyse. Nous ne savons quel esprit de malveillance dicta les rapports; mais le ministre défendit tout à coup les conférences, sous prétexte qu'elles étaient entachées de libéralisme.

En vain M. de Quélen essaya de justifier Lacordaire. On lui répondit assez brutalement :

— Faites-le prêcher, si bon vous semble, à Notre-Dame; il ne faut pas qu'on nous gâte la jeunesse des colléges.

Prenant le ministre au mot, l'archevêque engagea l'abbé Lacordaire à prêcher le carême de 1835 dans l'église métropolitaine.

Cédant tout à la fois au charme de la parole de l'orateur et à l'esprit d'opposition toujours si vivace en France, la multitude se porta beaucoup plus encore à la cathédrale qu'elle ne s'était portée au collége Stanislas.

Les écoles descendaient en masse de la montagne Sainte-Geneviève.

Tout ce qu'il y avait à Paris d'hommes distingués, d'artistes éminents, se joignit à cette jeunesse enthousiaste.

Lacordaire eut la gloire de faire naître la réaction religieuse, qui succède aujourd'hui à l'indifférence, gagne peu à peu toutes les classes et pénètre jusqu'au cœur de la bourgeoisie pour y tuer le chauvinisme voltairien.

C'est un orateur providentiel.

Il s'inspire du siècle même; il en étudie tous les goûts, toutes les impressions, tous les sentiments, et, disons-le, tous les défauts, pour mieux le subjuguer ensuite par l'idée chrétienne.

Lacordaire tient son auditoire entre ses mains et le pétrit comme une cire molle.

Jamais improvisateur plus puissant n'a su rendre l'attention captive. Sa phrase éclate à l'improviste, et le trait pétille, vif, hardi, sans cesser d'être grave et solennel. Il semble que de l'âme de ceux qui l'écoutent à son âme monte une aspiration sympathique, une sorte de fluide lumineux dont les rayons l'éclairent, et lui montrent les fibres à émouvoir, les élans à exciter, les doutes à détruire.

Sa voix onctueuse et tendre passe tout à coup aux accents énergiques.

Il sait au besoin faire vibrer les cordes de l'ironie.

Parole, geste, regard ont chez Lacordaire cette affinité merveilleuse qui triple l'effet de l'éloquence et lui donne son plus triomphant prestige.

On a dit qu'il était un prédicateur romantique. Effectivement, comme Victor Hugo notre grand poëte, il possède au plus haut point le génie de l'antithèse. Il a le tour original, la phrase pittoresque, le mot imprévu. Son imagination est brillante et pompeuse ; il sait colorer la période et lui donner de l'éclat sans rien lui enlever de sa force.

En un mot, c'est l'orateur qu'il fallait pour séduire d'abord et convaincre ensuite une jeunesse excitée par nos luttes littéraires, et que la forme méthodique et froide de l'ancienne éloquence religieuse eût laissée probablement inattentive.

Le gouvernement n'osa plus persécuter les conférences.

Elles se renouvelèrent avec un succès plus grand encore au carême de 1836.

« On sait, dit le biographe compatriote du prédicateur, qu'à la fin de ces conférences qui allaient s'interrompre, la paternelle émotion de M. de Quélen répandit ses adieux et ses bénédictions sur le départ de l'abbé Lacordaire, en le nommant un *prophète nouveau.*

« L'abbé Lacordaire allait une seconde fois à Rome, non plus comme suppliant et accusé, mais comme un enfant de grâce et de bénédiction [1]...»

Nos lecteurs doivent se rappeler que nous avons donné l'ambition pour cause à la révolte de M. de Lamennais contre le saint-siége. Il voulait le chapeau de cardinal, ce n'est plus aujourd'hui un mystère. Ne pouvant obtenir la pourpre romaine, il se coiffa du bonnet rouge.

Des sentiments plus nobles et plus délicats guidaient l'abbé Lacordaire.

La porte qui mène aux dignités ecclésiastiques s'ouvrait devant lui toute grande. M. de Quélen le comblait d'éloges ; l'estime et l'affection de la cour papale lui étaient acquises. On lui pro-

---

[1] Notice, M. P. Lorrain, page 46.

posa de se fixer à Rome et d'accepter à *Saint-Louis-des-Français* des fonctions qui pouvaient ensuite le mener à tout.

Mais l'humble prêtre, au lieu de monter, voulut descendre.

Les cardinaux lui offraient un logement dans leur palais, il déclina cet honneur et choisit pour retraite le couvent dominicain de la Minerve.

Son voyage à Rome n'avait pas eu d'autre but que celui d'approfondir la règle de cet ordre, destiné, comme chacun le sait, à l'exercice de la prédication.

Il repassa les Alpes, invité par l'évêque de Metz à venir prêcher dans sa cathédrale.

Cinq mois durant, il électrisa la jeunesse ardente des écoles militaires. Ce fut un triomphe impossible à peindre.

En Lorraine, le nom de Lacordaire est synonyme de saint et d'apôtre.

M. de Quélen obtint du grand prédicateur qu'il se montrerait encore une fois à Notre-Dame, avant de retourner en Italie s'enfermer dans le couvent de la Minerve, où il devait prendre l'habit de novice.

Un jeune saint-simonien, nommé Requédat, touché par les conférences, pria Lacordaire de lui permettre de le suivre à Rome.

Ils prononcèrent ensemble leurs vœux, le 6 avril 1840, après trois années de noviciat.

Ce premier disciple de l'apôtre, ce

cher noyau de son ordre, qui devait l'aider à vaincre les obstacles suscités de nos jours contre les fondations monastiques, mourut à dix lieues de Rome, au moment où il le ramenait en France avec lui.

Lacordaire pleura longtemps ce frère bien-aimé.

Six mois après, lorsqu'il disait la messe pour le repos de l'âme du défunt, des larmes ruisselaient encore le long de ses joues et tombaient dans le calice

Chacun peut se rappeler quel effet de saisissement et d'admiration remua l'auditoire de la métropole, quand on vit le dominicain paraître en chaire avec sa large tonsure et sa robe de laine blanche.

L'avez-vous entendu, nos maîtres?

Étiez-vous là, quand ce moine sublime nous parlait du christianisme et de la patrie ?

« Au xvııı^e siècle, disait Lacordaire, on attaqua la religion par le rire. Le rire passa des philosophes aux gens de cour, des académies dans les salons. Il atteignit les marches du trône. On le vit sur les lèvres du prêtre; il prit place au sanctuaire du foyer domestique, entre la mère et les enfants. Et de quoi donc, grand Dieu ! de quoi riaient-ils tous ? Ils riaient de Jésus-Christ et de l'Évangile ! »

Maintenant, écoutez; voici comme il parle de la patrie et de la France :

« La France avait trahi son histoire et sa mission ; Dieu pouvait la laisser périr comme tant d'autres peuples déchus de leur prédestination, il ne le voulut point. Il résolut de la sauver par une expiation aussi magnifique que son crime avait été grand. La royauté était avilie : Dieu lui rendit sa majesté, il la releva sur l'échafaud. La noblesse était avilie : Dieu lui rendit sa dignité, il la releva dans l'exil. Le clergé était avili : Dieu lui rendit le respect et l'admiration des peuples, il le releva dans la spoliation, la misère et la mort. La fortune de la France était avilie : Dieu lui rendit la gloire, il la releva sur les champs de bataille. La papauté avait été abaissée aux yeux des peuples : Dieu lui rendit sa divine auréole, il la releva par la France. Un jour, les portes de cette basilique s'ouvrirent; un soldat parut sur le seuil, entouré de généraux et suivi de vingt victoires. Où va-t-il? Il entre, il traverse lentement cette nef, il monte vers le sanctuaire, le voilà devant l'autel. Qu'y vient-il faire, lui, l'enfant d'une génération qui a ri du Christ? Il vient se prosterner devant le vicaire du Christ, et lui demander de bénir ses mains, afin que le sceptre n'y soit pas trop pesant à côté de l'épée; il vient courber sa tête militaire devant le vieillard du Vatican, et confesser à tous que la gloire ne suffit pas, sans la religion, pour sacrer un empereur. »

A partir de cette époque, le révérend père Lacordaire se montre infatigable.

Son zèle et son ardeur enfantent des prodiges.

Douze prosélytes sont envoyés à Rome à la maison de noviciat; l'apôtre franchit une quatrième fois les Alpes pour leur porter des consolations et du courage. Puis, sans reculer devant une route de quatre cents lieues, il accourt à Bordeaux afin d'y prêcher pendant la période quadragésimale.

De Bordeaux il vole à Nancy, où il prononce une magnifique oraison funèbre du général Drouot.

Notre-Dame le revoit en 1843; il y retrouve la même foule, le même enthousiasme.

Appelé à Grenoble, à Lyon, à Strasbourg, à Liége, il laisse partout la semence divine. Jamais il ne se fatigue, jamais l'improvisation ne lui fait défaut.

Dieu l'éclaire et l'inspire.

Un jour, M. Villiaumé, auteur d'une *Histoire de la Révolution*, passablement rouge, mais remarquable comme exactitude, arrive de Lorraine et fait lire à M. de Lamennais quelques chapitres de cette histoire.

C'était un des auditeurs les plus assidus de Lacordaire à la cathédrale de Nancy.

Encore sous l'impression de cette parole éloquente, il dit à Lamennais :

—Que pensez-vous de votre ancien collaborateur?

—Je pense, répond Lamennais, que c'est un ambitieux.

—Par exemple! y songez-vous? murmure le jeune écrivain scandalisé.

—C'est un ambitieux, vous dis-je! Quand on se fait moine, on s'enterre sous les voûtes d'un cloître, et tout est dit.

Voilà où M. de Lamennais en était venu dans ses jugements sur l'apostolat et sur le zèle chrétien. *Armscharpands et Darvands* n'avaient pas le succès des *Conférences;* le public se montrait, en vérité, bien injuste.

A Nancy, le célèbre dominicain jeta les fondements de sa pauvre communauté.

Un noble de la ville, M. de Saint-Beaussand, prit l'habit de novice. Il fit donation de son hôtel au révérend père Lacordaire. Cet hôtel fut à l'instant même divisé en cellules et devint le premier monastère de l'ordre en France.

M. de Saint-Beaussand est mort, il y a quelques années, sous l'habit de Saint-Dominique.

A Nancy, Lacordaire eut des admirateurs passionnés et d'impitoyables détracteurs. Un journal radical, le *Pa-*

triote, prenait à tâche de l'insulter chaque jour et de le calomnier dans sa feuille.

Les frères dominicains se plaignirent aux tribunaux, en l'absence de leur supérieur; mais Lacordaire, prévenu du fait, leur commanda de retirer la plainte, appuyant son injonction de ces paroles remarquables :

« N'attaquons personne, défendons-nous par nos œuvres. »

Le *Patriote*[1] échappa, grâce à lui, à une condamnation judiciaire certaine.

---

[1] Ce journal fut rédigé plus tard par le mari de madame Clémence Lalire, bas-bleu connu. L'ancien rédacteur, ennemi de Lacordaire, est tombé dans l'indigence la plus profonde. Il gagne à peine deux francs par jour comme ouvrier typographe.

En 1830, les habitants de Nancy avaient chassé honteusement leur évêque. Depuis, il fut impossible d'obtenir d'eux que le prélat fût réinstallé sur son trône épiscopal.

M. de Forbin-Janson mourut loin de son diocèse.

Or, au milieu des passions et des rancunes mal éteintes, à Nancy même, dans cette cathédrale d'où l'évêque avait été expulsé. Lacordaire prononça le panégyrique de l'évêque.

Il osa dire aux ouailles rebelles quelles étaient les vertus du pasteur.

On n'entendit aucun murmure, aucune plainte. Nancy courba la tête et pleura ses torts.

Le révérend père Lacordaire avait

conquis en Lorraine toute la jeunesse intelligente.

Nous avons connu un poëte nancéien, qui, chaque jour, servait la messe de l'apôtre, bravant avec une intrépidité rare les épigrammes du *Patriote*, et mettant le respect humain sous ses pieds.

Ce poëte, ce chrétien courageux se nommait Désiré Carrière.

Lamartine et Alfred de Musset l'ont connu comme nous. Ils peuvent dire si le talent ne grandit pas au pied de la croix [1]

---

[1] M. Désiré Carrière est mort, voici bientôt un an. Nous sommes heureux de rendre hommage à sa mémoire. Marié dans notre ville natale même, à Mirecourt, il y donna l'exemple des plus héroïques vertus chrétiennes. Huit mille personnes, accourues de toutes les

A Nancy, le couvent des dominicains est situé rue Sainte-Anne, derrière la cathédrale. On raconte que le père Lacordaire habitait la cellule la plus noire et la plus humide. Il aimait cette pauvre retraite; il la soignait avec une attention extrême.

Chez lui jamais de poussière, jamais de papier brûlé.

Ses livres sont classés avec une symétrie parfaite. Le canif, l'écritoire, la règle se trouvent toujours disposés sur la table de la même façon. Quelquefois il s'interrompt dans l'entretien le plus sé-

communes environnantes, assistèrent à son convoi. Les œuvres du poëte vont être publiées par sa veuve; celles du chrétien restent dans tous les souvenirs et dans tous les cœurs.

rieux pour aller ranger un objet quelconque.

Tout ce qui n'est pas à sa place le chagrine.

Dans la cour du couvent de Nancy, où il se promenait, un quart d'heure avant de parler à la distribution de prix du collége, méditant et préparant sa harangue, on l'a vu ramasser de petits morceaux de bois et les mettre dans le pan relevé de son scapulaire, pour aller ensuite les déposer au bûcher.

C'est l'ami de l'ordre par excellence.

L'esprit de méthode est un des traits les plus saillants de sa nature; il le porte partout, dans les choses physiques et dans les choses morales.

Il est loin d'être sévère, et pourtant il n'y a pas d'exemple qu'un de ses moines lui ait refusé obéissance

Constamment il leur donne des exemples de modestie, d'humilité, d'abnégation. Qu'un étranger vienne loger au monastère, il s'occupera lui-même de balayer la chambre de son hôte et de lui dresser un lit.

Sa conversation a beaucoup de grâce. Il s'exprime en termes de choix, avec une incomparable douceur. Tout ce qu'il y avait de pétulance et de vivacité dans son caractère a été vaincu par la volonté chrétienne.

Ce calme, néanmoins, et cette douceur ne nuisent en rien à son esprit.

Ses répliques ont parfois une originalité charmante.

—Eh! s'écriait-il, en réponse à un tableau très-sombre qu'on lui faisait de notre société moderne, pourquoi se récrier ainsi contre le monde? Il a du bon, je vous assure : c'est une caverne d'honnêtes gens.

Une autre fois, après une longue dissertation sur l'éloquence, il se résuma par ces mots :

—Ne donnez pas de la pioche ici et là; creusez toujours à la même place, approfondissez, et vous serez orateur. Qu'est-ce qu'un orateur? C'est un homme qui fait un trou.

Le révérend père Lacordaire a écrit quelques articles dans l'*Ère nouvelle;* mais, depuis dix ans, il s'occupe surtout de prédication, et voyage d'une extrémité de la France à l'autre pour y établir des maisons de son ordre.

Outre le couvent de Lorraine, il en a fondé un dans la Charente et un troisième à Paris, sans parler de la maison de noviciat, transportée à Flavigny, petite ville du département de la Côte-d'Or.

En 1850, il fut nommé par le saint-père provincial des dominicains en France.

Au bout de trois ans d'exercice de cette charge, on voulut l'élever à la dignité de général de l'ordre, et le fixer à tout jamais en Italie ; mais Lacordaire supplia le pape de le laisser fonder un tiers-ordre, destiné à l'enseignement, et le père Jandel, un des moines de Nancy, fut promu au généralat.

Deux maisons du tiers-ordre sont aujourd'hui créées par le célèbre dominicain, l'une à Oullins, près de Lyon, l'autre à Sorèze, dans la Garonne.

Il faut ici revenir sur nos pas et raconter quelques détails de l'histoire du révérend père Lacordaire en 1848.

Comme tous les esprits sages, comme tous les cœurs droits, il pensa qu'on devait accepter le nouvel état de choses franchement, loyalement, sans détour étudier les allures des gouvernants et les voir à l'œuvre.

Or, ces messieurs de la république frémirent en voyant porter le dominicain aux élections de la Seine.

Ils craignaient qu'un autre abbé Maury ne régnât sur la nouvelle Constituante.

Sans plus de retard, une notice biographique, très-économe de louanges, mais très-riche en insinuations perfides, est distribuée aux électeurs [1]. On invite Lacordaire à se rendre au club;

---

[1] Cette biographie était anonyme. L'auteur signait hardiment : *Un vieux montagnard.*

on l'interpelle, on veut l'intimider, on lui crie :

— Vous êtes monarchique !

— Expliquez un peu votre *Lettre au Saint-Siége !*

— Tirez-vous de là, révérend père !

— C'est facile, messieurs, répond le candidat. Je ne suis point un républicain de la veille, je suis un républicain d'aujourd'hui.

Tous les rieurs se mirent du côté du moine. On ne put réussir à lui enlever un seul vote.

Paris le nomma trois jours après[1].

[1] Lacordaire ne parut qu'une seule fois à la Cham-

Le dernier discours de Lacordaire est le discours sur la *Grandeur de l'homme;* il le prononça dans la chaire de Saint-Roch, en 1852, et toucha la question des écoles libres, ce qui occasionna quelques plaintes du ministère, adressées à monseigneur Sibour.

Beaucoup de journalistes avaient arrangé la conférence du dominicain, de manière à la rendre méconnaissable et à la métamorphoser en pamphlet.

L'archevêque n'eut aucune peine à justifier l'orateur.

Il envoya tout simplement au ministre

bre. Forcé par la règle de son ordre de conserver toujours son costume, il craignit de l'exposer dans les luttes parlementaires et donna sa démission.

le discours sténographié dans l'église même, au moment où Lacordaire le prononçait.

Néanmoins le bruit courut que l'illustre moine était en prison.

Deux cents lettres lui arrivèrent de tous les coins de la France ; il fut obligé de prendre la presse pour secrétaire intime et de la charger de répondre à toutes ces correspondances inquiètes.

« Ma tête est sur mes épaules, écrivit-il en plaisantant; je suis libre, et je prêche quand bon me semble. »

Lacordaire, depuis ses anciennes luttes de journaliste, éprouve une répugnance visible, lorsqu'il s'agit de soutenir une polémique et d'occuper de lui l'opinion.

Tout récemment, M. Louis Veuillot, cet intrépide pourfendeur de l'*Univers*, qui a des idées diamétralement opposées à celles du dominicain, le força de descendre dans la lice au sujet de l'inquisition.

Il lui jeta M. Jules Morel entre les jambes.

Aux yeux du grand inquisiteur Veuillot, Lacordaire n'a pas l'*auto-da-fé* en suffisante estime, et professe pour le *san-bénito* une admiration beaucoup trop restreinte.

Cette question du saint-office, renouvelée si judicieusement de nos jours, prouve qu'il y a chez M. Louis Veuillot un esprit d'à-propos tout à fait recommandable, un tact exquis, une finesse d'aperçus vraiment digne d'éloges.

Nous retrouverons bientôt M. Veuillot sur le champ de bataille biographique.

Au moment de clore cette courte et trop imparfaite histoire de l'éloquent prédicateur, nous demandons pour notre plume profane indulgence e pardon.

Peut-être n'appartenait-il pas à un homme du monde, à un écrivain que bien des gens accusent d'être superficiel et léger, de peindre cette vie si pure. Nous sommes resté nécessairement au-dessous de notre sujet. Mais si l'admiration la plus profonde et le respect le plus absolu peuvent racheter l'impuissance, nous déposons aux pieds du fils de saint Dominique notre respect et notre admiration.

Lorsque vous traverserez la rue de Vaugirard, frappez à la porte de l'ancien couvent des carmes ; entrez et faites-vous conduire à la cellule du révérend père Lacordaire.

Vous trouverez ce courageux champion de l'Église militante entre quatre murailles nues et froides.

Il porte, comme le dernier de ses moines, la chemise et la tunique de laine.

Une chaise, une table en bois blanc, voilà tout son mobilier.

Cherchez son lit, vous apercevrez une planche.

A trois heures du matin, chaque jour, il se lève au son de la cloche, pour aller à la chapelle psalmodier matines.

La règle ne l'a jamais trouvé en défaut dans l'observance de ses points les plus austères. D'un bout de l'année à l'autre il fait maigre; il jeûne depuis le 14 septembre, jour de l'exaltation de la sainte Croix, jusqu'à Pâques.

Sur son beau visage règne une paix inaltérable. Il y a dans son sourire quelque chose de céleste et dans ses yeux un rayonnement de bonheur. C'est la nature angélique et chaste dans toute son essence radieuse. Ses discours, son geste, sa démarche respirent la simplicité évangélique la plus naïve et la plus sincère.

Comparez ce noble front d'apôtre à la figure sinistre de M. de Lamennais, et dites où est le calme, où est la sérénité, où est la conscience

FIN.

NOTE SUR L'AUTOGRAPHE.

Un jeune confrère en littérature, M. Delaage, a bien voulu permettre à nos éditeurs de reproduire en fac-simile la lettre ci-contre, qui lui a été adressée, au sujet de l'envoi d'un de ses livres. M. Delaage est un écrivain religieux très-estimé du révérend père Lacordaire.

Paris, 20 novembre 1846.

Monsieur,

Je vous remercie du nouvel avis que vous venez de m'addresser, et un l'ai point reçu hier j'en ai la preuve à mes premier moments de loisir pour ne pas
oublier pour que vous ne m'ayez fait bien des visites utiles aux âmes qui ne sont
pas encore chargés comme la mienne de la bonté de Dieu.

Veuillez agréer, monsieur, avec mes remerciements l'expression de mes sentiments très distingués.

Fr. Henri-Dominique Lacordaire,
Prov. des Fr. Prêch.